Unitrón-Marcelo Aliaga Marín

Unitrón-Marcelo Aliaga Marín

UNITRÓN

TEORÍA PARTICULAR DE CREACIÓN Y EXPANSIÓN DEL UNIVERSO

El Poder del Tiempo, La Luz y El Espacio.

Marcelo Aliaga Marín.

ISBN: 978-956-398-744-7
1ª edición:

2020 Empresa Editorial Lux Tempus.

Diseño Carátula: Esteban Aliaga V.
Editado por Lux Tempus
Santiago de Chile

CONTENIDO

Prólogo
Introducción
La visión de las cosas.
Unitrón
Unitrón, viajero del tiempo
El imposible big bang
Teoría Particular de creación y expansión del Universo
Preexistencia
Invacío
Movimiento gravitacional
La luz
Las emociones, las ideas, dioses del pensamiento…
Cielo iluminado
El gran hipnotizador
Contradicción e inconsistencia universal
Salto en el espacio
Fotones
Humánides
Universo imaginado
Pequeño gran Universo
Giro fundamental particular
Red de fondo
Energía madre
Universo cerrado-abierto
Prepartículas
Espacio

Dedicado a mi Familia.

PRÓLOGO

Querido Lector, este libro está hecho con la imaginación, el conocimiento y el razonamiento abstracto, respetando la naturaleza y la verdad.

En estas páginas se describen los fenómenos que crean y mueven el Cosmos, en un esfuerzo por hacer llegar al que las surque, una nueva forma de imaginar y ver lo que pasa a nuestro alrededor, sin ningún temor en deconstruir y observar el mundo de nuevo, porque no siempre es como se nos enseña, y la verdad inexpugnable, aunque esté oculta, siempre está con nosotros, mostrándonos y contándonos al oído sus maravillosos secretos. Solo hay que saber ver y sentir.

La imaginación es la que ha llevado al hombre a descubrir e idear nuevas técnicas, formas y nuevos mundos, entonces, nunca dejemos que el miedo frene nuestras ideas porque puedan parecer ridículas a los demás, y no nos conformemos con vivir siempre dentro de un molde seguro y confortable, porque es desde ese lugar que toda oruga tiene que liberarse y salir, para convertirse en Mariposa y volar alto, muy lejos.

Te invito a navegar en las páginas de este valioso libro, escrito mas allá de las fronteras de lo imaginado… Hasta ahora.

INTRODUCCIÓN

Desde el primer momento en que levantamos nuestra vista y observamos el cielo, sorprendidos, lo vemos primero con la óptica personal, desde el silencio y la esencia humana, sintiendo el contacto, bello y mágico momento de nuestra vida. Luego, una vez reunidos y en sociedad, el hombre ve con la óptica de su época, con la visión que nos forma la cultura y con sus capacidades personales. Así bien, mientras miramos al infinito, en los fenómenos estelares podíamos observar animales, dioses, ángeles, naves espaciales, etc. De esta manera, de acuerdo con la época en que vivíamos, nuestra inteligencia nos explicaba y nos protegía del asombro por lo que sucedía frente a nuestros ojos.

Luego de lo evidentemente observado, nuestra hermosa capacidad humana nos llevó de la mano más allá… queriendo saber que se esconde detrás del horizonte de nuestra vista. Y así para ir más lejos, primero domesticamos animales que nos transportaron y llevaron nuestra carga. Luego, creamos otros medios de locomoción más sofisticados, montándonos en todo tipo de artefactos:

terrestres, marítimos, aéreos y espaciales, con los que llegamos a los puntos más lejanos. También hemos sido capaces de ver con profundidad lo que nos rodea, nuestro mundo más cercano, atisbando nuestra mirada a los más pequeños fenómenos naturales, desarrollando técnicas químicas y físicas para rozar lo invisible, inventando los métodos necesarios para alcanzar lo inalcanzable, validando nuestras investigaciones, creando y puliendo sistemáticamente nuestra ciencia.

En la antigüedad descubrimos la Matemática, la que no solo nos sirvió para contar el ganado y los frutos, sino que también se integró a nuestro razonamiento cotidiano transformando nuestra imagen del mundo. La Matemática se transformó también en la expresión práctica de la Filosofía. Una buena frase filosófica puede expresarse matemáticamente a la perfección y viceversa, dándole sustancia, contenido y sentido científico palpable y demostrable a nuestras ideas. En lo cotidiano, la Matemática va de la mano de la Química y de la Física, llegando también a ser parte de la biología, entregando un sentido concreto, aplicándose esta a la observación diaria de la naturaleza y sus procesos.

Con todo esto el hombre en base a su ingenio, construye ideas de lo que le rodea y de lo que está distante, generando además a su conveniencia, los paradigmas necesarios, estableciendo moldes de interpretación para el conocimiento erigido.

En el transcurso de su historia, el ser humano al crear el conocimiento inexorablemente comete errores, quizás por ser impulsivo, quizás por descuido, quizás por ignorancia, o quizás, solo por su esencia humana, equivocándose su intelectualidad en el desarrollo y evolución de su compleja técnica de supervivencia.

En la medida que nuestra especie complejiza sus estrategias de supervivencia y expansión, aparecen problemas nuevos. Ya no somos nosotros poniendo una trampa en el bosque para cazar una presa para comer, o estamos construyendo una fortaleza para detener las flechas de los enemigos. Hoy batalla contra él mismo en un campo de batalla más peligroso y letal, donde compite consigo mismo, con sus ambiciones y rivalidades, donde si el enemigo muere, morirá el también.

Hoy vemos como persistimos a través de las ideas, con nuestra especial percepción de la realidad; con su imaginación el Homo Sapiens construye o destruye su entorno y su realidad a su antojo, moldeando él mismo la forma y la percepción de su entorno.

Desde siempre hemos creado una realidad alternativa. Desde el primer homínido capaz de asir y manejar una herramienta, ha desparramado a través de sus dominios su huella y su visión de las cosas. El urbanismo, las creencias, la arquitectura, todas las artes manuales, las artes de defensa de las ciudades, en fin, todas las artes materiales, intelectuales y espirituales fueron en un principio, el origen del velo humano que nos entrega resonancia en el conocimiento. Es ese filtro de color y eco humano que nos empuja a repetir el modelo. Este síntoma aún nos persigue en nuestra sociedad. Naturalmente, para la mayoría de los seres es propio y necesario la imitación de los moldes que permiten la subsistencia, muchas veces es indispensable imitar modelos con estrategias de supervivencia para la especie que en algún momento cumplieron su función, aunque no sean eficaces ni eficientes hoy.

Aún mirando al ser humano en perspectiva, me pregunto y no encuentro respuesta:

¿Porqué se equivoca si en la naturaleza existe una verdad oculta que es la que gobierna todas las leyes del Universo?

¿Porqué no se le presenta esta verdad en evidencia absoluta, siendo que el ser humano es un ente natural y parte de este mundo?

¿Que fuerza tan poderosa lo divide del flujo natural de las cosas que pasan frente a si?

Quizás sea porque en la medida que construimos ideas, vamos mirando todo con este filtro hecho por nuestra intelectualidad, y no somos capaces de ver al mundo real al desnudo, tal como es.

La Naturaleza es la verdad más evidente y más oculta que pasa a nuestro lado. La que palpamos todos los días y que no podemos sentir. La Naturaleza es y será la fuente de todo lo que conocemos, donde el hombre baja a beber y empaparse, a reflexionar y aprender de su sabiduría.

Mirando y comparando a nuestro alrededor, así como lo hacían los primeros antiguos filósofos, no es difícil de encontrar incógnitas en el conocimiento científico que tenemos hoy y que el ser humano no ha podido responder ni explicar.

¿Porqué existe el Universo?
¿Porqué tenemos la necesidad en algún momento íntimo de nuestras vidas de creer en algo superior?
¿Porqué la vida existe?
¿Qué hacemos aquí?

Siempre hay explicación, a pesar de esto, lo cierto es que no comprendemos las cosas que vemos a nuestro alrededor, que mientras más comunes son los hechos y simples las preguntas, más difíciles son las respuestas. Felizmente hemos ido abriendo poco a poco nuestra mente y nuestras ideas a conceptos más amplios, y la divulgación más amplia y compartida de lo que aprendemos y descubrimos nos facilita progresar, dándonos mayores esperanzas en el saber que todos construimos.

1
LA VISIÓN DE LAS COSAS.

Nuestra objetividad esta teñida por la herencia que recibimos de la percepción del entorno que tenían nuestros antepasados. Así hoy vemos con el lente de lo que presenciaban nuestros padres y abuelos. Aún hoy pensamos con creencias y trabas culturales pasadas. Para cualquiera no es fácil salir de lo heredado, ya que esta base impresa desde nuestro origen en nuestro cerebro es la herramienta con la que disponemos para razonar, sentir y comprender el mundo. Muchas ideas científicas que conocemos no son más que mera religiosidad y el reflejo de las creencias del pensador, o explicaciones basadas desde miedos ancestrales arraigados fuertemente en la misma médula del pensamiento. Hay que recordar también que el hombre construye ideas basándose en su supervivencia y conveniencia, que son siempre llevadas a esta realidad protectora. Realidad que es difícil para los humanos contemporáneos detectar, la sociedad casi en pleno no puede ver el mundo detrás de la gran cantidad de artículos tecnológicos que ha desarrollado y construido, y que detrás de esta gran distracción tecnológica, ha contribuido a que la gran masa no piense ni observe su entorno real, teniendo así, una cantidad de personas hipnotizadas admirando táctilmente el mundo binario. Seres sociales virtuales conectados, solitarios en su vida diaria real. El encanto por el mundo que viene, esta ilusión de tener el futuro en la mano, más allá de pertenecer a cualquier clase social. Vemos pobladores sentados a las afueras de un hotel cinco estrellas en la Habana colgados del wifi, o campesinos protegidos bajo un árbol a orillas del Rio Amarillo en China hablando por wechat, o de una persona de La Pintana, en Santiago de Chile actualizando su red social, todos con la sensación de tener en la mano lo que cualquier poderoso quiere. Pareciera que ya no están tan solos, el poder de reunirse virtualmente, hacerse notar y parecer decidir que pasa con sus vidas es un regalo de la modernidad, y también un engaño, ya que muchas veces las decisiones que vienen de las redes sociales son tomadas por los que detentan el poder por temor a la fuerza de la unión y no porque esas ideas sean las mejores. Esta es una nueva forma tirana de hacer política a la fuerza, que con el tiempo afinará su manera de operar, de tal forma que el resultado sea con consecuencias sociales más equitativas y por ende más justas.

Si bien el deseo de conocimiento empuja a las personas a buscar y escavar, y hoy mucha información está a solo un paso de distancia, también es cierto que la maquinaria pareciera no querer tener en la población seres pensantes como sociedad, evaluando y criticando todo lo ofertado. La

Fantasía vana, está a propósito generalizada e inserta en el lenguaje diario, común y superfluo como para poder entregar contenido y sentido a la multitud. Sin este sentido las personas no pueden verse a si mismos y el darse cuenta del ser que llevan dentro. Esta verdad esta fuera de alcance en estas condiciones.

Saber mirar nuestro alrededor, saber mirarse, saber quien soy.

La Visión que llega más allá de la bruma, la que llega más allá de los sentidos, la que llega más allá del anochecer, la que llega más allá de la razón, la que devela mitos, la que irrumpe el silencio y estalla en la oscuridad, la que imagina mundos, la visión que salta los muros, la visión que construye dioses.

La Visión que ve fantasmas, que ve en la lluvia y el sol, y no tiene miedo. La Visión que imaginó cadenas, las forjó y las rompió.

La Visión del hombre y mujer libre y resueltos, la visión profunda, la visión acertada, la visión a oscuras, la visión no encandilada, la visión que ve, que toca, que respira, que siente. La visión del hombre que llegó de las estrellas, nuestra visión.

2
UNITRÓN

El Espacio-Tiempo es todo lo que hemos visto, lo que vemos y lo que veremos. Nos envuelve, nos contiene y lo contenemos. Su unidad fundamental es la partícula tiempo, desde donde se construye todo el Universo, enlazando todo lo material e inmaterial, accionando todos los eventos estelares y microestelares, tangibles e intangibles, pasado, presente y futuro a nuestro saber. Comprendemos entonces de esto que los fenómenos que suceden y que afectan a la materia también afectan al tiempo y viceversa.

Podemos modificar el espacio compuesto por unidades temporales y espaciales. Comprimiendo la materia resulta la compresión del tiempo, y de la expansión del espacio resulta la expansión del tiempo. En la convergencia y divergencia existen distintas realidades sujetas al espacio tiempo que deben ser estudiadas a fondo para mayor comprensión del cosmos. Esta expansión y compresión pueden determinar la carga energética neta de ese espacio. Puede existir una carga que repela el espacio en ese punto dado, o existir una carga opuesta que atraiga hacia un punto esas partículas-tiempo. Estas cargas no pertenecen a nuestro campo electromagnético, el cual se menciona en muchos casos sólo como un punto de referencia para nuestro entendimiento.

Unitrón es la Partícula Universal Total que constituye y forma el Universo observado y no observado por nuestros sentidos.

Unitrón hoy es posible expresarlo en unidades conocidas, para acercarnos a su naturaleza de manera didáctica, lo que no reflejará completamente su total dimensión.

Cuando Unitrón se comprime, la unidad básica tiempo se comprimirá también. Cuando el Unitrón se expande, la unidad básica de tiempo se expandirá también. Esto ocurre porque el tiempo esta enlazado a la materia y se deforman en conjunto.

Existe un punto de inflexión en el Unitrón que conlleva al rompimiento de la partícula-tiempo. Este evento des energiza la materia, o resta masa a la materia, este punto crítico puede cambiar el estado de la materia haciendo parte de ella invisible para nuestros ojos, y no medible con instrumentos convencionales. Hay fenómenos estelares como por ejemplo los agujeros negros que funcionan en parte en base a esta lógica.

Ahora bien, si Unitrón es la unidad básica del Espacio-Tiempo, siendo el Universo Energía y en consecuencia como todo es Energía, es necesario entender por extensión, que el tiempo es una forma de Energía, quedando así en un plano energético que se rige con sus propias leyes.

Todo lo que tiene Energía tendrá masa proporcionalmente a su valor energético, esto depende de las condiciones espacio temporales y de las condiciones ambientales, algunas de ellas que conocemos en nuestra dimensión y medimos son la Gravedad, la Temperatura, la Presión. Cualquier cantidad de energía es calculable también en relación con su equivalente en masa, y será medible como tal, toda vez que esta haga su proceso de reordenamiento particular hasta llegar a conformar materia.

Estructurándose la Energía va a constituir Materia. Esto está demostrado con el acelerador de partículas CERN, en la creación de las partículas elementales llamadas Bosón de Higgs. Aumentando la energía cinética, se multiplican infinitamente las posibles singularidades, y posibilita conseguir más partículas con materia a partir de este incremento.

Segundos son segundos, minutos son minutos, días son días, semanas son semanas, meses son meses, años son años. En cambio, el tiempo, es la dimensión mayor que envuelve todos los acontecimientos del Universo, dándoles el impulso energético temporal para que esos eventos sucedan.

Por cuestión de lenguaje y entendimiento, definiremos que la masa del tiempo está en la materia oscura, y la energía del tiempo está en la energía oscura. No implica esto, que la masa del tiempo sea la totalidad de la materia oscura y la energía del tiempo sea la totalidad de la energía oscura, sino que forman parte de ellas.

El Tiempo es el verbo en la gran oración del Universo, y es quien le da acción a la materia inerte. Acción, reacción, atracción, repulsión, dando también el impulso a la vida.

El tiempo es una cosa palpable, medible que interactúa con la materia, en términos energéticos, consumimos esta energía, la que también es posible producirla.

La manera correcta de medir el tiempo es registrando su nivel energético, y no es con un reloj, ya que medir los segundos es medir una manifestación de la acción universal. Esta idea es inventada por el hombre, y no significa la medida del tiempo en su dimensión energética.

Como toda energía el tiempo se manifiesta de varias formas, el movimiento y la deriva universal son una de ellas. La medición con cronógrafos como manifestación del tiempo, es la idea de como medimos el tiempo, el movimiento y la progresión de nuestro planeta.

Los cronógrafos miden en horas, minutos y segundos los acontecimientos.

La Energía Temporal participa de la activación de los acontecimientos estelares.

Toda Energía Temporal está unida a la materia, formando Unitrón, base del Universo.

Esta idea de medir con cronógrafos es una técnica correcta y útil para calcular y explicar los fenómenos de la naturaleza en el planeta Tierra, con su propia traslación, rotación y deriva en el espacio, pero ajeno a las realidades del cosmos. Existirán por lo tanto distintas medidas en distintas esferas celestes.

Entonces, si tengo una cantidad de energía, esta puede producir calor, movimiento, luz, etc. Si medimos solamente la temperatura, y nos quedamos con ese dato, sin hacer ninguna correlación entre las otras manifestaciones, no estoy considerando en medir la energía, solamente mido una dimensión de ella.

La problemática con el tiempo que conocemos es que hemos ignorado siempre esta importante e influyente dimensión energética, a pesar de su importante influencia en nuestra vida diaria, perdiendo con esto toda oportunidad de encontrar respuesta a muchos fenómenos del Universo, los cuales son de mucho interés para nuestras investigaciones.

También es importante conocer que, en la materia existen más tipos de cargas que: positivas, negativas, o neutras; entendiendo que existe una o varias cargas energéticas especiales que tiene el tiempo, en una dimensión inmedible para nosotros y nuestros equipos de hoy, comportándose frente a nuestros ojos como una energía fantasma y que habita solo el ámbito teórico.

Para hacerlo más didáctico, si tomo como ejemplo la fórmula de la energía de Albert Einstein, **E= mc2**, y si considero a **m** como un vector multidimensional al acoplar el tiempo, se establece una relación entre Unitrón y Energía, dándole más realidad a los valores obtenidos, ya que nada ocurre en el espacio bajo una condición atemporal, siempre debe haber un momento en el cual pasan las cosas, y este momento siempre está anclado al tiempo y viceversa, ya que es el tiempo el que da la acción a la materia inerte. Si no está considerado, existe esa cantidad de energía correspondiente al tiempo que no esta en dicha fórmula, sea cuál sea esta. Y si es así, en este ejemplo no se darían las condiciones temporales para que la ecuación se active, suceda, y nos de valores reales. Este error es porque siempre se ha dejado al tiempo encerrado en la esfera de un reloj, en donde mira desde lejos y solo mide los "segundos" a las cosas que pasan, y no dejamos que participe ni influya en los eventos que queremos medir.

La unidad del tiempo cuando hablamos medición de sucesos en la Tierra son segundos, minutos, horas, etc. Cuando queremos medir el movimiento de galaxias, o la energía que absorbe un agujero negro, .la unidad del tiempo tiene las dimensiones de la energía, expresado como Factor Temporal o Factor de Tiempo. Con esto, por ejemplo, es más precisa aún la fórmula E=mc2.FT

Debemos medir el tiempo, que unidad sostiene su esencia y su capacidad de unirse a la materia para conformar el Unitrón.

En la fórmula E=mc2, c2 adolece de ser incompleta en su componente tiempo, si consideramos que el Unitrón va variando en la medida que el universo se expande, la velocidad de la luz no podría ser una constante, porque sus dimensiones varían, además no tiene sentido ser la velocidad máxima con la que se pueden mover los cuerpos en el espacio, a menos que el Universo se mueva en una constante, cosa que no existe. Más aún, el error Matemático se ve incrementado, porque c es elevado al cuadrado, amplificando el error.

Esta fórmula, su autor Albert Einstein, la acomodó elevando al cuadrado la velocidad de la luz para encajar con las dimensiones de la energía, lo cual en un sistema de la naturaleza ordinaria y real no se daría, y para asegurarse que la masa moviéndose al cuadrado de la velocidad de la luz se transforme en Energía, lo que ocurriría en condiciones ambientales especiales, no absolutas.

¿Como podríamos entonces siquiera pensar en constantes si la base en donde ocurren los fenomenos físicos, nuestro universo, no es constante?

Ya que si:

E=mc2
En la realidad sería:
Energía=Kg x(metros/seg) xfactor temporal

Factor Temporal, con unidades de Energía.

(Esta Fórmula modificada es más cercana a una expresión de fórmula Universal.)

Esto porque el componente temporal tiene que estar presente en todas la expresiones del Universo, y es porque en palabras, no puede existir energía si no existe tiempo, porque los hechos tienen que tener un marco donde suceder, y este es el tiempo. Sin este componente cualquier ecuación Matemática estaría en una antítesis, en un punto muerto, inmóvil, igualando un concepto de energía con una fórmula donde no puede ocurrir ningun suceso que genere movimiento, acción, mucho menos energía.

Necesariamente toda la física tiene que ajustarse a valores exactos, con un mundo en donde el factor temporal esté presente. Ni siquiera existiría la física si no existiera el componente Temporal, y obligatoriamente debe desaparecer el principio de incertidumbre de Heisenberg, como otras constantes, con esto, la ciencia será más cercana a la verdad de Platón, dejará de descansar y esconderse detrás de los paradigmas que solo corrigen errores, y en la medida que se considere el espacio vacío y el factor de tiempo como horas, segundos y minutos, el hombre seguirá equivocándose, y arreglando y parchando con ideas, teorías y paradigmas que no reflejan la realidad.

Otro punto importante para considerar es que el Universo está en constante expansión, y que, si esta expansión modifica el componente tiempo, cambiarán también todas las medidas que tengan presente el tiempo y la materia. Un ejemplo para demostrar este punto, son las diferentes mediciones que se han hecho a través del tiempo de la velocidad de expansión del Universo, mal llamada constante de Hubble (Ho), en donde, por ejemplo, las mediciones hechas en el año 2013 dieron valores de Ho de

67,15 Km/seg x megaparsec. Tres años después, en el año 2016, la medición de Ho entregó un valor de 73,2 Km/seg x megaparsec. Un megaparsec equivale a 3,26 millones de años luz. Y así sucesivamente las variaciones se van sumando. La diferencia de los valores tomados es muy grande para pensar en un error instrumental o definir la expansión del universo (Ho), como una constante universal válida.

¡El Universo tiene un movimiento acelerado!

Pues bien, estas diferencias no son solamente errores instrumentales o variaciones en la medición, son más que una evidencia de que el universo se expande, en donde el Unitrón cambia y las constantes se van modificando. En esta realidad, todo lo medido cambia, por ejemplo, todas las condiciones de clima en el planeta Tierra: geo estacionalidad, mareas, vientos, etcétera, cambian. Por esto, hay que estar atento a ir actualizando en el momento justo todos los valores que necesitamos para desenvolvernos en el espacio de nuestro planeta.

Por lo tanto, es necesario eliminar el concepto "Constante" en cualquier ecuación Matemática, Física y Química, y por lo pronto se deben tomar dos acciones:

1.- considerar un factor de corrección Universal, que puede ser en este caso, proporcional a las diferencias de las medidas realizadas en el tiempo de la constante de Hubble para todas las ecuaciones hechas con anterioridad a este arreglo Matemático.

2.- usar las herramientas sofisticadas con las que disponemos para medir, tomar y procesar datos, y construir formulaciones más puras sin constantes, que entreguen valores reales.

Es importante considerar que estas medidas tomadas de la velocidad de expansión del Universo son una fracción mínima de la velocidad con la que deriva el Universo en si mismo, que las variaciones de velocidad en tres, o cinco o diez años, son nada para la escala de tiempo Universal, lo que hace ridículas estas medidas y variaciones hechas por el ser humano.

Obviamente, la velocidad con que se desplazan las galaxias en el cosmos, o que tan rápido se mueve un sistema, depende de todo el Universo Fluido, no solamente de las fuerzas gravitacionales. La deriva y velocidad de expansión del Universo también incluye la desincronización y rearmado de sistemas complejos de red de base que estabilizan el cosmos. Siendo la red de fondo el engranaje invisible del cosmos. Esta red de Quantos tomados de la mano que sostienen y fluidizan todo, también se ven afectados en la medida que cambian las condiciones ambientales estelares.

3
UNITRÓN
VIAJERO DEL TIEMPO

Viajar a través del tiempo no es más que un salto de nivel energético temporal, es como un electrón saltando desde un orbital a otro. Hay que entender además que el tiempo es en sí una dimensión, a la cual podemos aprender a entrar y salir sin "consecuencias" físicas ni psicológicas, tal como el tiempo y su energía lo hacen en nuestra dimensión.

Estar parado al borde de la dimensión del tiempo es como estar a la orillla de un río torrentoso, de todos los colores a la vez, siempre en acción enérgica y con ruido ensordecedor. La característica de estar ahí es viajar a la velocidad del pensamiento y que todo es en todo momento y siempre.

En la dimensión del tiempo la materia bariónica no esta presente, porque la materia como la conocemos no puede atravesar a esta dimensión, porque las dimensiones no se traspasan unas a otras por si solas, a menos que suceda algún evento estelar especial que modifique la relación dimensional y produzca este intercambio de materia y energía, o a través de algún método desarrollado por algún ser vivo.

A pesar de que el Universo es fluido en todas sus dimensiones, el hecho de que las dimensiones se topen y se superpongan, no significa que esten mezcladas. Si, que una dimensión influye a la otra a través de su traspaso energético. Las dimensiones son continuidad y disparidad. Son las dos cosas al mismo tiempo vinculadas armónicamente.

Viajar a través del tiempo implica desencadenar la materia bariónica de la materia oscura, desencadenar la energía común de la energía oscura. Este proceso necesita que seamos capaces de revertirlo, si no se pierde la integridad corpórea, lo que significa que el estado físico en este plano cambia.

Observación: En la medida que vamos descubriendo nuevas energías y nuevas formas de matería, estas pasan de ser materia o energía oscura o una ya conocida, nombrada, estudiada y medida.

El tiempo en su dimensión energética puede consumirse y producirse, esta realidad es la que conlleva las alteraciones de esta dimensión encadenándose a nuestro Universo de electrones produciéndo diversos fenómenos.

Un cronómetro es una máquina que funciona a un ritmo determinado por el ser humano, la cual no mide como pasa el tiempo, porque el tiempo no pasa, a pesar de ser representado como algo que avanza en un sentido. El tiempo es una expresión omnipresente en el espacio. El ser humano completo esta constituido también por un componente tiempo, por lo que mal podría pasar el tiempo en él. Tendría que este apartarse de la materia, lo cual no sucede espontáneamente, porque estan unidos tiempo y materia. Esta energía esta enganchada a ella desde que se inicia la progresión del Universo Material.

Existe la sensación que cada vez que se dice tiempo el lector se imagina un reloj avanzando, pero no es así.

Tiempo es la energía temporal que se encadena a la materia y que activa el proceso de construcción del Universo como tal. Este encadenamiento es la creación en sí para los religiosos, los filósofos, los científicos y los ateos. Si observamos y pensamos bien, desde que existe el tiempo, existe el Universo, y viceversa, son dependientes uno del otro. Y uno no puede existir si no existe el otro. Por lo que una vez creado el Universo a la medida del tiempo, existirán las creencias y a su vez los dioses. Tiempo, Materia, Pensamiento, Ciencia y Creencias van de la mano, este último concepto es necesario para calmar la incosistencia del ser humano hoy y su incomprensión de la realidad acerca de la creación del Universo y la Vida.

UNITRÓN

Invacío
Espacio-Tiempo
Masa Tiempo
Energía
Creación
Vida
Realidad
Energía

4
El IMPOSIBLE BIG BANG

El principio del Universo no fue una explosión, imposible, eso no es un punto de partida para la creación del Todo.
Hay dos fuertes razones por las que el Big Bang es solo una idea imposible:

Primero antes de explotar y expandirse, tiene que existir algo que explote y se expanda, esta invención humana choca contra la realidad. La Teoría del Big Bang, esta llena de misticismo, porque parte de un supuesto incompleto en su génesis, ya que inicia con la existencia de un algo. Entre comillas, el Big Bang es una teoría religiosa, dejando espacio a la duda y a la elucubración mística, donde la mano de lo Divino deba interceder para que sucedan los hechos primordiales.

Segundo, hoy vemos como el Universo cada vez más acelera su expansión, negando rotundamente la posibilidad de una explosión que a millones de años ya debió haber cesado onda expansiva. Lo normal es ver como la materia se acelera en un punto por una fuerza inicial y a medida que transcurre vaya desacelerando, cediendo y perdiendo energía, disminuyendo su velocidad hasta llegar a un punto de no movimiento. Pero esto no es así, ocurre lo contrario, por lo que no hay relación entre la realidad observada y lo que dice esta teoría, a menos que sea acomodada nuevamente con un paradigma nuevo. Lo malo de la conducta de los científicos de acomodar sus ideas, es que nunca veremos la verdad última en la medida que ajustamos la realidad a nuestros intereses. Nos complace y nos entusiasma el ver que los principios cientificos son demostrados en base a estos paradigmas, sin saberlo obviamente. Aplaudimos de pie siempre estas bellos actos de magia. Podemos ver muchas mentes brillando para ellos mismos, por ejemplo, la teoría del Multiverso, o la de muchos Universos que se suceden paralelamente, es otra teoría que tiene muchos adeptos, y que incluso a Científicos y Filósofos seduce. Otro espectáculo magnífico de la naturaleza y la teatralidad.

Para el Unitrón El Universo y los Universos paralelos no son más que un solo concepto, son varias y una sola cosa a la vez, fluyendo. El Universo, existe en una sola gran madeja de materia y energía tejida y conectada, la cual ante nuestros ojos se ve aparte y disgregada, pero micropartículas tejen el Universo como una gran tela de araña estelar. Hoy, producto de nuestro conocimiento y cultura, no somos capaces de ver ni de comprender los diferentes estados de la materia y de la energía. Y decimos esto es una cosa, y esta es otra. Sin considerar los niveles de transición. Esta transición fluida no tiene límites, y es en todos los sentidos lo que cosntituye el gran todo. En esta realidad los Agujeros Negros, que se nos enseñan como los monstruos de la materia, están comunicados de manera natural con nuestro Universo material, ayudando a estabilizarlo energéticamente. En este Universo nada desaparece, Lavoissier lo dijo a fines del siglo dieciocho, y esa realidad es para todas la cosas, materiales e inmateriales, no solo lo que pasa dentro de un laboratorio, ya que todo está conectado, desde lo infinitesimal a lo magnánimo en un eterno fluir, degradándose y uniéndose, armoniosa y suavemente como los colores en un arcoiris.

Así también existe vida que no vemos, y que no creemos que existe porque definimos que la vida llega hasta un límite molecular biológico que hemos establecido basados en nuestros equipos de observación y en el límite de nuestra comprensión desde hace muchos años atrás. Muchas enfermedades parecieran no tener un agente causal, pero parten de un ente que ante nuestros ojos y máquinas pasa desapercibido. Sin razón alguna frecuentemente tendemos a culpar a la genética, a factores ambientales, etc, cuando ya no hay explicación para las enfermedades y otros fenómenos. ¿Cuántas enfermedades raras son culpa de la genética producto de nuestra incapacidad intelectual y científica?

¿Porque los seres humanos medimos el tiempo y lo asociamos a la vida? Es una cuestión lógica para nosotros. Hemos aprendido que todo hay medirlo con tiempo, en segundos, minutos, etc, para ordenar los cultivos, las estaciones del año, y esta medida tiene relación con el movimiento de la tierra alrededor del sol. Estamos condicionados a los efectos de la rotación y la traslación. Y creemos que ese es el tiempo absoluto. También creemos vivir en el ciclo Circadiano, inventado por el hombre, porque supuestamente nos desarrollamos en él.

Somos mucho más que el producto de un planeta que gira y se traslada a una velocidad determinada y a una cierta distancia constante de un sol con características únicas de temperatura, luz y rayos solares, en un sistema planetario que vemos, vivimos y medimos.

Ante tanta coincidencia, tantos actos han determinado que la vida no nace cuando desde una sopa de elementos forma la primera proteína, o cuando en una especial simbiosis una molécula absorve a otra. ¡Que simple sería todo!.

Lo cierto es que la vida comienza con el primer fenómeno cósmico que dio inicio a la formación del Universo. La primera singularidad que inicia la materia, es sin duda, el inicio de la vida, ya que la vida termina siendo todo lo que vemos, porque está todo conectado y engranado. Una vez que se inició el origen del Universo, ya estaba predestinado el origen de la vida. Era cosa de esperar un par de millones de millones de años, o un segundo, da lo mismo lo transcurrido, para que se produzca la vida, ya que la evolución natural de las partículas que erran en el espacio es juntarse, repelerse, formar complejos, invadirse, destruirse, etc.

Vida, entonces, es todo el Universo vibrante frente a nuestros ojos. Una piedra que vez en el suelo, con el tiempo se desintegrará y sus minerales podrán ser absorbidos y formar parte de un tipo vida, cualquiera. Vida como la conocemos, y vida desconocida. Vida a nivel cuántico, vida de elefantes, vida del espacio, vida con el tiempo….

Existe una posibilidad de que la expansión del espacio tiempo provoque un aletargamiento en la percepción del tiempo. Como el tiempo lo percibimos más lento, las medidas de velocidad del universo se ven más rápidas. Este fenómeno modifica como percibimos el suceder de los acontecimientos, y empezamos a razonar distinto, a creer que las cosas han cambiado.

Todo movimiento del Universo influye en los sistemas biológicos, así como la Luna ejerce influencia en las mareas de los océanos, la fuerza con la que se atraen y se repelen los cuerpos ejerce influencia sobre los sistemas biológicos y sus fluidos, por lo que la variación producida por la expansión del Universo también ejerce influencia sobre los seres vivos, manteniéndolos en constante presión de selección, en una lucha eterna por sobrevivir. Esto genera pequeñas mutaciones genéticas producidas por las diferencias ambientales.

5
TEORÍA PARTICULAR DE CREACIÓN Y EXPANSIÓN DEL UNIVERSO

El Universo se originó a partir de la coincidencia al azar de prepatículas elementales que se encuentran en un espacio con inexistencia de materia, esa singularidad crea materia particular, la cual se une a través de enlaces elementales, encadenando la materia oscura, esta a través de su carga, repele la materia en todas direcciones expandiendo este material original. Necesariamente, estas prepartículas al colisionar entre ellas tienen un primer estado de inestabilidad particular, teniendo un periodo de vida imperceptible debido a su escaso nivel energético y de masa, por ende, escaso nivel de cohesión. Para esto es necesario una singularidad particular para que se conforme lo que sería más adelante la unión de estas prepartículas elementales con esta red de materia oscura que le da estabilidad e integridad al complejo inicial formado. Sin esta relación, el Universo sería muy distinto a como lo vemos hoy en cuanto a forma y vida. Esta premateria particular al encadenarse primitivamente a la materia oscura, queda en una posición incómoda, similar a la pérdida de simetría del espacio, en donde necesita moverse para ubicarse de manera correcta, dando lugar a que se traten de desvincular y comiencen a expandirse generando mayores posibilidades para que choquen otras partículas con este campo creado. Es aquí producto de la propagación de estos hechos cuánticos, donde se inicia la formación de materia en el Universo tal como la conocemos y en que la deriva de la masa a través del espacio, va conformando sistemas mayores tales como las primeras galaxias cuánticas.

Los diversos niveles de progresión acaban por conformar los distintos niveles de organización, desde red de fondo de galaxias, hasta materia como la arena a la orilla del mar.

Es importante notar que la materia oscura no emite radiación electromagnética, la cual es un tipo de emisión del espectro total de emisión del Universo. Esto no indica que no tenga carga ni emita radiación alguna, solo que es un tipo de emisión no captada ni medida, la que si afecta los procesos de formación de masa.

Desde este punto es posible explicar todos los fenómenos estelares químicos, físicos y biológicos. La unión y la repulsión proveen la chispa inicial de vida. Entendiéndose por vida todo aquello que produce movimiento en el Universo, ya que la consecución de este fenómeno, y de cualquier fenómeno cinético concluye si o si con el desarrollo de inteligencia en todo nivel de la materia, explicando desde este punto vista a nuestra emocionalidad, como una herramienta de la inteligencia para la supervivencia humana. Por lo tanto necesariamente la Inteligencia es producto del movimiento medido desde cualquier punto de referencia. La relación fluida de todas las cosas nos da a entender que todo está relacionado con la vida. Pensar en vida solamente si un individuo es capaz de replicar sus propias proteínas y reproducirse es un concepto muy básico y restringido a todas las posibilidades de formas de vidas que existen en todas las dimensiones micro y macro del Universo fluido. Sería prudente en algunos casos también llamar a esta suma de dimensiones como la Gran Dimensión o Universo Fluido.

La repulsión entre la materia oscura y la materia bariónica da lugar a mayores probabilidades de crear más partículas, más sistemas, más energía, más vida. Este ciclo virtuoso es una espiral sin fin de creación y propagación Universal.

El momento inicial no necesariamente es una singularidad, el término singularidad se refiere a la necesidad de nominar el evento inicial, el cual no necesariamente es único, sino que también probablemente puede haberse dado simultáneamente en varios lugares, pudiendo ser el evento Singular en cuestión, lo más probable una Pluralidad.

Esta interacción entre la materia creada y la no materia, mueve al espacio de un sistema en reposo a un sistema activo. Empujando a la maquinaria del cosmos para que active todos sus fenómenos espaciales necesarios para tenernos aquí. En la medida que se van generando uniones nuevas, también se va generando masa nueva, nuevas formas químicas y físicas en todas las dimensiones. También se generan nuevas repulsiones, que al cabo de millones de millones de años o de un segundo, genera la suficiente cantidad de masa y de energía, con la suficiente complejidad como para observar el cielo como lo vemos, y tener a nuestro Universo acelerándose más y más con una vitalidad infinita.

De este fenómeno de aceleración del Universo, según el modelo de Einstein es posible proyectar que el futuro de todo es transformarse en un punto de energía como una estrella, a menos que operen los moduladores de energía del Universo, tales como los agujeros negros o campos de fuerzas, que se han sistematizado y coordinado de manera natural con todo, y que también operen las redes de fondo de Universo que pueden cambiar de estado y traspasar parte de su energía a masa e incorporarse en nuestro sistema.

Esto explicaria porque si la tierra viaja a una velocidad de 110.700 Km/h alrededor del sol, y que si el Universo se acelera constantemente no tiene cambios físicos como en la temperatura alterando la vida de los seres que habitan en ella. Esta velocidad a escala pequeña generaría tal aumento de la temperatura que incendiaría cualquier cosa que pongamos en ella. Esto puesto a salvo por la suposición clásica en donde el espacio es vacio y que no hay roce que friccione el planeta y lo caliente. Por el contrario, para el Unitrón la real explicación es que el Invacío, con la red de partículas que estan en todo, y que están en el mismo lugar pero en diferente plano, no tienen interacción con este cuerpo que avanza a gran velocidad. No hay traspaso de energía, desde una dimensión a otra sin la condición adecuada, la cual claramente, no es la que tiene este planeta a esta velocidad en el espacio. También sería explicado porque existe un tipo de movimiento Universal que he llamado Movimiento Asistido, el cual poseen ciertas partículas cuánticas, partículas estelares y cuerpos celestes, que no gastan energía, ni ceden, ni producen energía al entrar en acción.

6
PREEXISTENCIA

La noción de materia Bariónica, de energía Temporal y de materia elemental, nos genera la necesidad de preexistencia de un soporte donde sucedan los eventos de formación, un espacio con las características esenciales donde ocurren las singularidades o pluralidades, ya que estos eventos necesitan un punto de partida, ambiente y elementos que participen en ella, que debemos de todas maneras tener claro para poder cuestionar.

No existía el espacio, no existía materia, no existía energía, no existía luz. Físicamente llegar a tener un punto de inicio partiendo de absolutamente nada parece imposible para nuestra imaginación. Crear un Universo a partir de nada absoluto parece muy dificil, pero, somos la demostración de que nada es imposible y posible a la vez.

Antes de crear la materia bariónica en nuestro Universo Visible es necesario crear otras dimensiones que le dan soporte, un lugar donde las primeras prepartículas vibren y roten, es necesario que se formen primero las dimensiones inmedibles. Estás dimensiones, tienen la facultad de dar ambiente y favorecer el momento cinético de la materia. Una vez dado el momento cinético, donde la partícula entra en reacción con otras, se genera todo lo que conocemos como Universo.

7
INVACÍO

No existe el vacío, ni la nada, ni el todo. Las generalidades y las totalidades son negaciones en si mismas, y se anulan a si mismas. Son tan incluyentes y excluyentes que no dicen nada y dicen todo. Por lo que el vacío no existe. Solo existe el INVACÍO, una totalidad completa donde cabe nada. Siendo esto lo mismo que el vacío conceptual, pero diferente en su posibilidad real de existir.

El vacío por si no existe, porque al definirlo, defines su no existencia, el vacío no puede tener límites, por lo que para nosotros siempre está lleno por los límites que le pongamos, siendo estos mentales o reales, materiales o inmateriales, siempre intercambiando de una manera u otra partículas.

El vacío es entonces una idea conceptual imposible, como otros conceptos en la física y química que no encajan.

Luego un punto vacío en el espacio, será siempre un punto de colapso, que tenderá a buscar su momento de reposo. Por lo que no se dará. El Universo fluido tiende a expandirse y difundir, no dejando lugar a vacíos, por lo que querer crear Universos y teorías a partir de condiciones imposibles e ideales de: presión, temperatura, vacío, etc., es un error y genera a lo menos confusión.

El Tiempo siendo energía y omnipresente en el espacio, tampoco deja lugar a espacios vacíos libres de ella.

Un espacio vacío, será siempre contenedor de energía temporal, por lo que este espacio no existe como tal, en la medida que el tiempo existe, siempre existirá espacio, y en la medida que el espacio este redeado de energía, tendrá en algún punto de su desarrollo una eventualidad que traspase y genere materia.

El vacío realizado a nivel de laboratorio, es solamente un espacio parcialmente libre de materia bariónica, pero completo en energía temporal, partículas de red de fondo y otras partículas elementales que no son afectadas por nuestras técnicas para producir esta condición que llamamos vacío, situación que como vemos no se da en la realidad.

8
MOVIMIENTO GRAVITACIONAL

Cuando un cuerpo se mueve en una dirección a una velocidad determinada, generará una fuerza de arrastre hacia si misma sobre todas las partículas que están a su alrededor, como una estela de agua que deja un barco en el mar, o como succiona un cuerpo mayor a un cuerpo menor que se mueve a gran velocidad en el espacio. Lo mismo sucede con el movimiento multidireccional interno que tiene la materia, en la parte más íntima a nivel cuántico existen partículas que se mueven en todas direcciones al mismo tiempo. Este movimiento cuántico genera una fuerza proporcional a su velocidad hacia el centro de la trayectoria de la partícula que está en movimiento. En la medida que un cuerpo celeste tiene más masa también tiene más fuerza de atracción a su centro geométrico debido a la mayor cantidad de partículas que posee girando en todas direcciones y a la sumatoria de las fuerzas que están actuando al mismo tiempo. Esto además de generar una mayor fuerza de atracción hacia su centro por el número de partículas en acción, también lo hace porque las fuerzas de atracción se van sumando y ejerciendo una atracción en conjunto mayor que si lo hicieron individualmente. Dentro de este complejo también hay fuerzas que se cancelan, las fuerzas que no se cancelan son las que apuntan hacia el centro geométrico del cuerpo.

Esta fuerza de atracción que tienen los cuerpos la llamamos gravedad, y es propia de toda la materia, no solamente de los cuerpos celestes que flotan en el espacio. Esta pequeña fuerza de atracción, no solamente nos tiene con los pies en la tierra, sino que además, es la que ayuda a mantener la cohesión atómica y molecular, es la fuerza que se suma a las cargas eléctricas en los niveles atómicos en el modelo de Niels Bohr. También explica nuestra integridad biólogica, porque sin ella nos disgregaríamos como una gran sopa lanzada al espacio.

Como el Universo es fluido, estas partículas que se mueven en dimensiones distintas a la nuestra, van afectando también a nuestra dimensión, este hecho también es una demostración de que el Multiverso es una idea incompatible con la realidad y que aspira a dividir mental y materialmente el Universo, siendo que este es un todo conectado, estructural y funcionalmente hablando.

El Universo mientras más grande, también es más pequeño. En esta conexión podemos entender porqué un destello estelar puede afectar en la mutación de un vegetal. Somos en realidad parte del gran Todo.

9
LA LUZ

La Luz solar es un claro ejemplo del grado de interacción entre las diferentes dimensiones.

La Luz solar si bien la vemos y nos afecta fotoeléctricamente, no interactua con la materia como lo hace una roca con el agua, o si voy caminando no me hago a un lado porque puedo chocar con rayo de sol, podemos coexisir sin afectarnos mortalmente. La luz efectivamente tiene un grado de interacción sobre la materia. Esa luz tenue o intensa son partículas desprendidas desde una fuente de origen desintegrándose, estas partículas llamadas fotones se mueven en ondas a distinta frecuencia. Esa luz, al ser materia proveniente de otro cuerpo, implica que en un balance de masa, tendremos el cuerpo desde donde se origina esa luz, con una pérdida de masa equivalente a la cantidad de fotones que ha emitido. Aunque este valor es imperceptible, es muy importante en las fuentes de luz poderosas, como una estrella o nuestro sol. Podemos calcular la cantidad de vida luz que podría emitir en años sabiendo la masa del sol versus la cantidad de fotones, sabiendo tambien la masa de este fotón. Un laser de alta intensidad, capaz de cortar una gruesa lámina de acero, es un ejemplo de que podemos materializar la luz, y de que toda energía se puede ordenar y convertir en cualquier cosa material.

La velocidad de la luz, no es constante, depende del medio donde se mueve, si es en el espacio, tendrá una velocidad diferente que si se mueve debajo del agua. Y su velocidad tambien depende del emisor, si es más o menos intensa su emisión. También los fotones pueden ir desacelerando hasta detenerse, este fenómeno se puede observar en las profundidades del mar, cuando la luz llega hasta cierta profundidad. Siendo detenida por los choques con el agua. Además el fotón en la medida que va chocando con otros cuerpos va cediendo energía hasta perder su brillo.

Cuando existe una combustión, eléctrica, química o física, el calor rompe enlaces atómicos y se desarman las moléculas, liberando pequeños trozos de materia que se manifiesta de diversas formas, por ejemplo en forma de humo visible, en forma de cuerpos aromáticos, el olor a humo, en forma de carbón, que es lo queda de la combustión orgánica, en forma de calor, en forma de luz, etc. Esta parte de la materia desestructurada en la combustión puede ser desordenada y enérgica, u ordenada y dirigida como puede ser la luz led, que la mayoría de la reacción que sucede en ese sistema esta dirigida a enviar luz. Con el paso de los años y el uso, esta lámpara eléctrica entrega menos luz ya que tiene menos masa para producir fotones.

10
LAS EMOCIONES, LAS IDEAS, DIOSES DEL PENSAMIENTO Y LA REALIDAD

Hace muchos años atrás, asistí a un taller de varias sesiones que impartía un maestro de Control Mental, este estaba basado en el Método Silva, el que después ha cambiado varias veces de nombre, pasando por el de Programación Neurolinguística. Este taller me sorprendió mucho porque me aclaró muchas dudas que me intrigaban y que tienen que ver con las ideas que pensamos. El método se basa en proyectarse imágenes mentales, de cosas o logros en cualquier aspecto que uno quisiera tener durante un período determinado, esto se debe hacer en un estado de relajación alfa, y lo sorprendente es que en la medida que se practica este método correctamente, las ideas que se proyectan, pronto se pueden hacer realidad. Es un sistema muy divulgado hoy como apoyo para ejecutivos y como desarrollo personal. Pero en lo particular, cito este ejemplo común y cercano, para mostrar la conexión entre lo material y lo psíquico, entre las ideas, el deseo y lo que nos rodea. Todo lo que vemos de nuestra civilización es en base a ideas, es una de las formas a través del hacer del ser humano que tiene la energía para transformarse. En un Universo totalmente fluido, conectado, materia y pensamiento se funden. Pensamos producto de nuestra materialidad, y nuestro pensamiento influye todo lo que vemos. Este pensamiento está también en la Biblia, que es un texto muy antiguo que dice en el capítulo llamado Nuevo Testamento: In principio erat Verbum, et Verbum erat apud Deum et deus erat Verbum, "En un principio era el Verbo…", Ese verbo inmaterial, que dio origen a las cosas, esa cosa divina para algunos, es la esencia de todo lo vivo e inerte. Que brilla y palidece en el espacio.

Pero: ¿Necesariamente, las cosas deben tener un origen?

Nuestro origen es siempre el mismo, vida somos, porque existe el Universo. Es dificil para nosotros pensar que nunca existió un origen porque materialmente somos seres finitos, que nacemos y morimos en este plano material, y que lo normal para nosotros es siempre pensar que las cosas tienen un principio y un fin.

La continuidad de las cosas, nos lleva naturalmente a fluir.

La matriz Universal, se conecta con todo a través de pequeñas partículas invisibles, inmedibles. Así como puedes enviar un mensaje a través de internet, o a través de una línea de cable. Puedes usar esta matriz para enviar información.

Tambien puedes usar esta matriz para viajar. Como por una autopista, puedes tomar una vía de partículas y energía y llegar a donde quieras. Donde imagines, porque esta vía no tiene límites y puede llevar energía, tu energía, solo se necesita que la sepas usar. Si está demostrado que la energía es transformable en masa, también es posible que transformemos nuestra masa en energía, con tal técnica que podamos reconstituirnos donde queramos. Lo interesante de este punto, es que nuestros pensamientos pertenecen a esa dimensión impalpable, por lo que seguirán presentes y concientes de nuestro nado en esta red de partículas, y nuestra esencia se mantendrá intacta.

11
CIELO ILUMINADO

Al final de todo
Cuando el estado enloquecido
Atorado de poder
Incendie todas sus pertenencias
Por unas cuantas monedas robadas.

Cuando en el camino
Vuelva el ungido
Traicione su destino
Y se empape de sangre amiga
Con los enemigos bebiendo en su mesa.

A pesar del genocidio
Tanta felicidad aparente
Hará que vuelvan los inocentes
A creer en el poder.

Pero de esclavitud y de negaciones
Pero de sed y de hambre

A pesar de tenerlo todo
Muere en un desierto total
Teñido de vergüenza
En ese pequeño lugar
Que antes creía tan grande
Y que hoy
espera tener alguna oportunidad
De que la suerte lo escolte
A la noche tan larga allá lejos.

Al Atardecer
Llega Vibrante y hermoso
Lleno de ímpetu e hidalguía
Y es Quien esconde tras de sí
La última carta de este juego.

12
El GRAN HIPNOTIZADOR

¡Que gran Hipnotizador es el tiempo!
Perplejo ante su sombra oscura, y que brilla imponente, descubro cuando él quiere, la máquina del Universo, solo hay que saber escuchar, para que sepa hablar, y estar preparado y atento a recibir el mensaje.

Perplejo también ante su mirada constante, no vacilo en guardar lo que me da, porque sé que sabe mis intenciones, y actúa de acuerdo a ellas. Yo, no sé las de él.

Esta gigante masa que me abraza, me envuelve entero, me hace sucumbir cuando quiere, y al parecer siempre me espera como yo a él, porque sin saberlo yo, él también me necesita.

Aparezco sentado a su orilla, y si me preparo bien, puedo emprender el viaje, siempre hay alguien que sabe si estoy listo, alguien que en la práctica no es nadie, sin forma ni ser, pero está.

Que extraña sensación para mi, sentirme sin pasado, sin presente, sin futuro, sin cuerpo, sin ser yo tal como me conozco. Que extraña sensación es la extensión de este espacio, tan poderoso y activo, lleno de preguntas y respuestas, lleno de puertas, entradas y salidas, lleno de posibilidades, que solo si lo deseas se te darán.

En esta noche oscura, donde mi cuerpo, que no es mi cuerpo, y que lo imagino como tal, donde mi ser se disuelve e integra, donde solo con mis pensamientos soy yo. Es en este lugar, este aquí por doquier, somos.

13
CONTRADICCIÓN E INCONSISTENCIA UNIVERSAL

La contradicción e inconsistencia de los hechos y eventos estelares es propia del Universo. Las leyes se superponen y se anulan una y otra vez de tal forma de equilibrarse y consolidarse. Hay una verdad que subyace del hecho de la coexistencia de los agujeros negros y del espacio. Hay una verdad simple y conocida y que nos gobierna a todos. Esta verdad que nos mantiene quietos y expandiéndonos, íntegros y seguros, falsa y real.

El Universo se crea y activa en cuanto cae en contradicción. Los eventos de generación Particular para crear materia cósmica son producto de la inestabilidad, de la repulsión, de la inconsistencia, de la irreproducibilidad, de lo intangible y de lo indemostrable de los hechos. Estos hechos son difíciles de imaginar para una mente concreta, que razona modeladamente, en ámbitos demostrables, que solo puede pensar aún como un Homo-Faber, que realiza y construye su mundo a través de sus ideas, regidas bajo sus propios principios científicos creados y demostrados por el mismo.

La inexactitud, la incongruencia, todo esto a nuestro razonar empírico resulta inconsistente, pero es la base de la materialidad que rige nuestro Universo.

El principio estelar, sin materia, sin energía, el invacio y la nada absolutamente condensada, por la presión negativa de su misma inexistencia, lleva a suceder eventos contradictorios de naturaleza opuesta. Hechos imposibles, de naturaleza cuántica suceden impulsivamente por medio de la generación particular a través de las fuerzas del invacio nulo, que lleva a la prematería a concebirse de la nada, la no existencia de la unión con el tiempo en ese momento es la clave del inicio, ya que al no haber tiempo encadenado a la materia, esta tiene la cualidad de saltarse los eventos correlativos y disgregarse en el espacio en eventos superpuestos atemporales que se pueden crear junto con la generación de prematería a partir de nada, porque estos hechos ya han ocurrido. El espacio en ausencia de tiempo no puede generar materia. Este hecho inconsistente es básico para las reacciones posteriores de enlazamiento a la materia oscura para crear partículas y expansión repulsiva progresiva, que culminará, con nosotros sentados en un telescopio viendo como se expanden nuestras fronteras.

Energías básicas de campo opuestas tiene la particularidad y la temporalidad. Encadenadas se liberan a si mismas. Este hecho también es inconsistente, y también necesario y vital.

Otra inconsistencia, es pensar en la no existencia del punto, como geolocalización. No existe el lugar de referencia hasta crear el ámbito para la referencia, por lo que no podemos definir el inicio tampoco como una gran bola concentrada o un punto de inicio ya que no existe el lugar para poner una referencia, por lo tanto cualquier lugar que se localize imaginariamente va a ser el centro o la periferia. Siempre va a ser lo que es en si, lo cual no significa que el hecho sucede en ese lugar y de esa manera, ya que los eventos se rigen por sus propias leyes sorpresivas. Esta interpretación de los hechos, son amoldados a la realidad mental del pensador, toda vez que este documente esta percepción, otros lo verán con el mismo prisma, por lo que será vista y entendida siempre, de la manera en que sea presentada.
Esta manera de construir realidad es usada mucho, y no significa que sea verdad lo que se expone.

14
SALTO EN EL ESPACIO

Salto en el espacio es aquel movimiento continuo percibido como interrumpido desde el punto de vista del observador. Este salto es en si un fenómeno dimensional, no temporal ni espacial.

Cuando una partícula es capaz de atravesar una dimensión, moverse en esa dimensión distinta, y luego aparecer de vuelta en la dimensión de origen, esto a nuestros ojos se verá como si la partícula desaparece en un punto y aparece en otro, o como desaparecer del espacio. La plasticidad de la materia, hace posible que el cuerpo actúe con memoria respecto a su estructura inicial, y sea capaz de recuperar su estado original.

El término moverse no necesariamente implica el moverse en coordenadas X , Y o Z, ya que el "moverse" tiene distinto significado en distintas dimensiones.

Para moverse es necesario con algunas condiciones con cambiar de estado energético, sin tener la necesidad de agitarse o pensar en desplazarse. Moverse también, implicaría la voluntad de estar en otro lado, sin gasto energético, solo estando de manera natural en el fluido Gran Dimensional, y que lo haría cambiando de polaridad sistemáticamente, muy parecido a como lo hacen las moléculas al ser transportadas y moverse en las membranas celulares de los organismos pluricelulares.

El no gasto de energía viene dado por la reciprocidad energética de compartir elementos dadores de energía, neteando y dejando en gasto cero la reacción. Esto se ve imposible, pero es como todo el Universo se mantiene en acción y reacción sin necesidad de pensar en un gran reactor de energía nuclear que alimente y mueva al Universo. El sistema global se retroalimenta a si mismo sin perder energía, manteniendo su integridad energética.

El consumo energético sería tal que no existiría una planta generadora que sea capaz de dar abastecimiento. Por eso es que el gasto de energía es nulo a nivel total, solo los eventos puntuales tienen consumo, que se netean entre si, produciendo la misma cantidad de energía en otro punto. En este punto los Agujeros Negros cumplen su función.

En el traspaso de un cuerpo desde una dimensión a otra implica el desencadenamiento de su estructura, dejando en la dimensión de origen, una parte de sí, equivalente a la energía suelta que es absorbida por otro cuerpo o absorbiva por la matriz total. Ahora esta información queda grabada en la red y se propaga hasta que es captada por el cuerpo que se reintegra a la dimension de origen. Esto funciona como una llave maestra y cerrojo, ya que la energía es común para todo lo que existe. El cuerpo que se cambia de dimensión desplaza energía desde una dimensión a otra, incluyendo el traer energía hacia su misma dimensión en un sentido opuesto. El pensamiento y la esencia del ser, son adimensionales. Por lo que no se ven afectadas. Esto mantiene la integridad del ser a cuanto a su individualidad mental, cognitiva, lo que no asegura su coherencia material. La estructura intangible de todo ser vivo, como la mente, no necesita transmutar, porque su estructura es capaz de atravesar dimensiones.

La Luz puede ser un ejemplo de salto en el espacio, si no la interviene ningun cuerpo en su trayectoria, un fotón podría decirse que no existe, y que solo existe una vez que es interceptado por algun cuerpo. Esta característica propia de estas partículas puede ser usada para enviar mensajes a gran distancia sin tener gasto energético. Grabar mensajes en el fotón o partículas cuánticas es de gran utilidad. Esto también es posible por la naturaleza corpuscular de los fotones y a que son interdimensionales.

15
FOTONES

La convención nos indica que los fotones tienen comportamiento corpuscular y ondular. Lo cual podría ser un error, ya que el hecho de que comparta su energía calórica con nuestra dimensión no significa que pertenezca a esta. Las manifestaciones de estos cuerpos son sólo una parte de sus características. Comparte calor, sin perder su capacidad de desplazarse a menos que sea detenido por un cuerpo. Esta paradoja de la no existencia del cuerpo como tal en el nuestro y que sea detenido por un cuerpo simple, es una contradicción. Pero es parte de la naturaleza y de su comportamiento dual ya que esta partícula transita en varias dimensiones.

Un fotón normal cuando viaja en el espacio no gasta energía, se difunde de manera pasiva-activa recorriendo distancias infinitas. Este hecho nos da una señal de que la partícula se superpone de una dimensión a otra y no se afecta por su velocidad hasta que llega a un punto de contacto específico. Esto es independiente del medio en que se conduce.

Si bien es cierto que este cuerpo debería viajar a la velocidad de la luz, por ende intrínsicamente presenta un "movimiento", probablemente se desplaze del tipo salto en el espacio, además no gastaría energía facilitado por el "Movimiento Asistido".

Darle un valor constante a la velocidad de la luz es práctico para los físicos teóricos de tal manera de poder usarla como herramienta de cálculo. Si bien es cierto, son valores medidos y que luego son testeados y demostrados en un marco preestablecido para que funcione, no significa que sea un valor final definitivo y real para todo evento.

Si aceptamos que la velocidad de la luz es de 299.792,458 Km/seg, y que todos los fotones vienen de algún tipo de combustión, sabemos, por lo tanto, que los fotones provienen del rompimiento de moléculas conocidas para nosotros. No es que los fotones vaguen por el espacio viniendo de la nada, siempre provienen de una masa que se descompone producto de una reacción de combustión, sea por electricidad, por reacción química o física, etc. Entonces la energía de rompimiento de su estructura madre lanza una velocidad promedio inicial de 300000 Km/seg en dirección opuesta a su centro geométrico desde donde ocurrió la reacción. Todos los fotones, como todas las partículas elementales, subatómicas y atómicas, pueden recibir y donar un valor de energía dado. En el caso de estos fotones, cada fotón puede entregar cierta cantidad de energía calórica. Y la cantidad de energía calórica que emita un cuerpo va a ser más o menos dependidiendo de la cantidad de fotones que genere este cuerpo emisor. No depende de la distancia que estemos de él. Recordemos que los fotones normales no pierden energía en su periplo, solo la entregan cuando colisionan con algún cuerpo. La percepción de recibir más calor respecto a los fotones al estar más cerca del emisor, es porque: 1) con esta cercanía recibimos mayor cantidad de fotones irradiados ya que estamos más cerca del punto de fuga, y al alejarnos del punto de fuga, nos chocan menos fotones que son emitidos por el emisor porque a esa distancia ya se han esparcidos homogéneamente por el espacio producto de la perspectiva, y 2) En el transcurso de su trayectoria van quedando fotones interceptados en el camino por lo que al final de cierta distancia, tendremos menos cantidad que la inicial de fotones llegando a nosotros.

Cuando vemos una estrella en el firmamento, la luz que vemos, corresponde a un porcentaje infinitésimo de fotones que los emitidos en origen, por eso es que lo vemos débilmente y sin calor. Estamos tan lejos del punto de fuga, que lo que nos topa es el punto de la estrella emisora que apunta directo a nosotros, como si fuesemos elegidos y acertados con un arma que dispara fotones de estrella desde millones de años luz de distancia, gran coincidencia, sólo pensar además que en el camino no se encontró con ningun cuerpo que lo detenga en su constante emisión de luz, y que además haya recorrido esa distancia estelar sin costo energético.

La energía basal o mínima que se necesita para desplazar un fotón desde una molécula siempre dará como resultado una partícula elemental desprendida a la velocidad de la luz. Según lo formal, para que esta partícula pueda comportarse como un fotón tiene que tener una masa crítica máxima equivalente al cuociente de la energía partida por la velocidad de la luz.

Movimiento Asistido, es ese empuje para mover a una partícula a esa velocidad, a millones de años luz de distancia con una mínima carga de energía inicial comparado con la distancia recorrida, que tiene su origen en la relación malla de fondo y partícula elemental. El fotón es traspasado en una reacción en cadena, como una caída de dominó, a través de las partículas que componen la malla de fondo. Esta reacción en cadena sucede a una velocidad muy alta, para nosotros, estandarizada a la velocidad de la luz.

La velocidad del fotón depende el medio en que viaje, esta situación puede suceder ya que en sustancias más densas, existiría una menor cantidad de elementos de malla de fondo, además de la pérdida de luz y energía por interferencia y choque a través de los medios opacos.

Es importante precisar y vaticinar que la luz una vez que atraviesa los medios que la hacen más lenta, por ejemplo el cuarzo, volverá a su velocidad inicial de velocidad de la luz ideal, volviendo a estar en un fluido como el aire, ya que el fotón es recaptado por las partículas de fondo y vuelto a captar, empujar y a acelerar. Esto explica que el fotón retorne a su velocidad mínima en el medio menos denso, también es posible deducir que existe una tensión entre los elementos que componen la malla de fondo y el medio que nos rodea y que conocemos.

Existen más tipos de partículas elementales que se generan a partir de la destrucción por combustión y desintegración de la materia, elementos emanados a la velocidad de la luz.

El primero es el fotón propiamente tal, que conocemos y hemos descrito.

Existe un segundo tipo de fotón, que no choca con la materia ni la ilumina, sino que solamente viaja en el espacio, este fotón a diferencia del que conocemos, va perdiendo energía en el trayecto, desapareciendo una vez que pierde o entrega toda su energía en la trayectoria al ambiente que lo rodea, este fotón es que transporta la energía calórica, difundiéndolo en el espacio. Estos fotones son transmisores de calor en el espacio.

Existe un tercer tipo de fotón, el que una vez lanzado no cede energía a la materia que lo circunda, no choca con la materia ni la ilumina. Este tipo de partículas pueden participar en la malla red de fondo si se encuentra y colisiona con su par alterno, que es la única partícula con la interactúa. Esta es una forma de mantención natural de la malla red de fondo.

Existe un cuarto tipo de fotón que producto de su carga una vez que es desprendido del origen, este llega a una distancia x y luego es atraído de vuelta al origen. Esta genera una retrolimentación que es útil en sistemas solares. Ademas, este comportamiento genera zonas donde termina la trayectoria de la partícula y ya vuelve al centro, que puede sostener la órbita de satélites naturales, trayectorías de galaxias, etc. Esto desde nivel micro a nivel macro. También este tipo de fotones genera fuerzas de atracción al centro de masa del cuerpo que ayudarían a conformar la fuerza gravitatoria Universal.

16
HUMÁNIDES.

Henos aquí
Tu y yo sentados frente a frente
En esta mesa redonda
Donde nadie más cabe.
Tu me empujaste a este destino
Al parecer nadie se ha dado cuenta
Pero vago por esta oscura habitación
Buscando una salida a tientas
Creyendo obedecer tu orden Suprema.

Pues bien,
Esta es nuestra oportunidad.
La mía de escapar,
La tuya de reivindicarte.
Pondré en la mesa todo lo aprendido
Todas mis vueltas y caídas
Cada superficie tocada y memorizada
Centímetro a centímetro
Te diré cada uno de mis sentimientos
Con los que urdí cada escapatoria vana

De este reducto tenebroso y hermético

En ese laberinto
Cuando pensaba que avanzaba
Retrocedía
Cuando pensaba que creía
Desconfiaba
Cuando que pensaba que era cierto
Me engañabas

Hasta aquí llegué cansado, gastado,
raído en los pies
Con las manos ásperas…
Con imágenes e ideas que quizás
ya no eran ciertas
Pero sin embargo tú
Nada dijiste
Solo sonreías como esperando una respuesta
O una pregunta…
Me enviabas recuerdos para hacerme sufrir
Por aquel hombre que era
Y que nunca más volveré a ser.
Seré siempre en mi recuerdo, aquel que fuí y que extraño,
y que nunca más volveré a ser.
Este castigo eterno, del eterno lamento
Esta extraña evocación de un sinfín,
sin retorno.

Esta necesidad de saber
Este necesidad de conocer,
O este sentido demasiado aparente
para ser cierto.
La liviandad,
Lo simple de las cosas,
Lo sútil y fino, uniendo grandes
y pesadas ideas.

¡Humánides!
Se escucha el grito potente
A través del espacio.
-¡Aquí estoy!
Tratando de descifrar el código
Para liberarme cual Sísifo
de subir, caer y volver
Eternamente condenado
A nacer, morir y nacer
Morir otra vez.
¡Humánides!
Resuenan las paredes.
Una vez liberados del calvario
Alejados de la muerte
Por su Intelecto y Ciencia
Como una broma cruel
¿Tendrá un nuevo reto?

La gran malla de partículas que cubre el Universo sirve además de sustento para viajes a través de ellas y para ir hacia cualquier lugar. Para viajes largos a gran distancia es necesario elegir que dimensión cruzar, no se puede viajar en nuestra dimensión, ya que es imposible encontrar una ventana en el espacio, porque a distancias estelares, siempre se cruzará algún obstáculo en la trayectoria, o aparecerá un cuerpo desde alguna dimensión, por eso es imposible viajar distancias estelares en nuestra dimensión,. Para no cometer errores es necesario cruzar otros planos, y aparecer en el destino seleccionado. Viajar en otras dimensiones es seguro, se tiene que estar aislado para no tener consecuencias de tipo reestructuración desordenada de la materia. Esto implica manejo de materiales y de polaridades de tal forma de mantener en zona segura, una zona determinada en donde este la materia ordenada y viva segura.

17
UNIVERSO IMAGINADO

Cuando decimos que el Universo se mueve, que se acelera, lo imaginamos, lo medimos, lo anotamos.

Sabemos que se mueve, lo sabemos desde nuestro conocimiento, el que construimos nosotros mismos desde nuestra inteligencia y necesidad. Confiamos en él porque lo diseñamos, lo armamos, lo probamos y lo dimos de alta, ¡necesitándolo!

¡Anda!, camina entre la gente porque ya estás apto para ir entre todos estos mortales a contar tu verdad. Y bien, ¿pués que tenemos?. Tenemos nuestra verdad construida por nosotros mismos, diciéndo a nosotros mismos la verdad nuestra como si fuera la verdad última. Curioso juego de palabras, pero es así. Nuestra verdad no es más que otro cuento que hemos inventado para dejarnos tranquilos. El hombre se acuna y se duerme con su propia voz, porque le suena familiar y por ende le es segura y le da confianza.

Pero calma, hay algo cierto en esta verdad que puede ser consolador y esperanzador.

La verdad humana es como un amanecer, va siempre desde la tienieblas hasta llegar a la luz. Y con ello, cada mentira arrastra una verdad, y cada verdad tiene alguna mentira escondida, que siempre al fin termina en luz. La verdad es la que perdura en el tiempo.

Probamos día a día nuestra inteligencia, no solo con nuestros logros, sinó que además, dejándonos pistas para descubrir cada falla en nuestro discurso científico. Cada eror que pudiese existir en cada rincón del conocimiento es una prueba lanzada a nuestra inteligencia.

Forma y Fondo siempre han estado juntos, siempre hemos sabido que actuan juntos, sin embargo, en lo cotidiano los separamos, cuando queremos demostrar algún fenómeno natural, evidenciamos nuestros hallazgos separando lo material de lo inmaterial, lo empírico la razonamos y la razón la tratamos de materializar. Nos ha resultado provechoso, pero no lo suficiente como para construir una sociedad humana a escala de las necesidades de todos, y que se forme a razón de la especie humana. Más allá de cualquier diferenciación que se nos dé.

El Universo no está unido solo gravitacionalmente, las fuerzas gravitatorias son fuertes a corta distancia, a distancias mayores resuenan pero no amarran, las que mantienen el Universo en constante cohesión son todas las fuerzas dimensionales incluidas las pequeñas partículas que componen la red de fondo que se teje a través de todo el Universo, unido también por fotones de trayectoria circular, también el Universo esta unido a través del fluido de dimensiones que se relacionan con él y conforman ese carácter de Universo Vivo que tiene.

El Universo que vemos que corre y se acelera, nos da cuenta que esta historia tiene grietas, obviamente, todo lo hecho por el hombre tiene pequeñas fallas, como el Universo que es todo lo que existe: ¿se expande en que? ¿Se acelera en que?
¿Puede vagar infinitamente a velocidades fantásticas sobre si mismo? Pues no, puesto que no se movería. Cabe entonces precisar que el Universo como palabara es una mala elección para llamar a este todo material, que no lo es todo, es un todo incompleto, unido por todos lados y sentidos con un todo incompleto que se alimentan unos a otros, fluidamente.

Si el Universo se expande, esa otra dimensión también se expande, y también se acelera. Y todo lo que esta desde una dimensión a otra también se expande y se acelera. Entonces si o si debe existir un área fuera de nuestra matemática y física, fuera de nuestra ciencia, de nuestra razón, que recoge y mantiene lo que conocemos por Universo, y que se sostiene por si misma. Pensar en el concepto de fuente de materialidad y temporalidad, toda fuente en la Tierra se alimenta de la Tierra, es un ciclo cerrado, no hay más ni menos agua disponible, es la misma agua, con diferente uso. El universo se debe retrolimentar, eso está bien, en un estado estacionario, hasta en un estado activo pero que se mueve, si se mueve, necesita de todos formas un sistema que lo cobije, que lo reciba. Ya que cada vez es más grande, necesita una base más grande donde estar.

18
PEQUEÑO GRAN UNIVERSO

Otra cosa sería que el Universo en vez de expandirse y necesitar más y más espacio, tuviera una misma cantidad de energía y todo lo que vemos se comprime a la misma velocidad en la misma proporción, a la vez que lo que lo contiene se expande proporcionalmente en lo que contiene, dándonos la apariencia de que nos expandimos constantemente a una gran velocidad. Siendo que en realidad nos reducimos a la medida que el Universo se va poniendo más complejo en la cantidad de unidades estelares que va teniendo. Es decir, en la medida que se generan más galaxias, más estrellas más planetas, así creemos que nos expandimos, para mantener esto en movimiento eterno, van apareciendo nuevas capas, que recogen este todo y lo siguen comprimiendo. El Universo es infinito en ambos sentidos, por lo que nos podemos disminuir eternamente sin colapsar. Este juego es muy distinto a comprimir algo, ya que las moléculas que se comprimen ejercen una presión de rechazo ya que estas tienen el mismo tamaño siempre. A ciencia cierta, ningún modelo matemático podría rechazar este modelo mental de expansión y disminución de todo lo que vemos. Ya que dentro de este modelo la luz, la gravedad y todos los puntos de referencia que tenemos para ubicarnos en el espacio caen sumergidos proporcionalmente en esta realidad alternativa.

19
GIRO FUNDAMENTAL PARTICULAR

¿Porque giran las partículas fundamentales, que las hace moverse en un movimiento eterno?

El Universo, en su génesis, parte por la premisa que existe una repulsión que produce un distanciamiento entre dos puntos conectados entre sí, generando un área común de unión que actúa como una trampa de partículas, que atrapa, atrae y repele partículas al mismo tiempo.

Una partícula fundamental primero vibra, luego gira, la vibración corresponde al primer momentum de una partícula en una zona de red de fondo, o por el paso de una zona a otra cuando es empujada por un fenómeno cuántico específico, pasando desde una zona sin vinculación a una zona de vínculo particular.

La vibración es producida por la repulsión en ese campo acotado a la que es sometida la partícula. A su vez la red de fondo también es dinámica, la cual presenta un movimento vibracional, correspondiente a su propia acomodación y progresión dentro de un espacio en expansión, El Universo.

El segundo momento, es la conjugación de otras partículas libres dentro de una malla de fondo que establecen un campo magnético de influencia sobre otra partícula, generando naturalmente una sincronía de campos de fuerza tales que se produce el movimiento tipo spin del cuerpo particular. (Estos pequeños motores no consumen energía, pero son fundamentales por ejemplo, en la producción de energía a nivel molecular en las estructuras celulares tales como membranas plasmáticas en las circuitos de cadenas de electrones dentro de la Mitocondría).

Existe un doble efecto entonces en la creación del movimiento particular, uno tipo vibratorio y otro tipo spin. Una vez conseguido estos movimientos, podemos decir que la partícula está preparada y madura para participar en la formación de estructuras mayores en nuestra dimensión del tipo estructural y molecular, y en otras dimensiones, por ejemplo del tipo temporal o del tipo agujero negro. Este momento tiene relación con la activación de la materia, entonces un podría deducir que temporalidad y materialidad son llevados a cabo en un momento paralelo y sincrónico, que la creación del tiempo necesariamente tiene que estar relacionada con la creación de la materia, y por ende con la activación de la materia y la génesis de la vida, porque son momentos demasiados poderosos, sincrónicos y simpáticos como para mantenerse cada uno en un rincón del cosmos apartados. En sí, no existe una fuerza que los separe y los mantenga inactivos.

El giro fundamental, usa la energía de la red de fondo. Esta es un tipo de energía que no afecta a la materia bariónica directamente, porque está en un zona de energía distinta a la energía que nos mueve.

20
RED DE FONDO

Red de partículas elementales que dan soporte y un medio fluido al Universo donde suceden los fenómenos estelares.

En la red de fondo se establecen combinaciones especiales para determinadas zonas del espacio que requieren distintas formas y cargas, por ejemplo, una red de fondo es distinta para un planeta opaco como el planeta Tierra, que la red de fondo que necesita una masa incandecente como una estrella o el Sol.

La red de partículas de fondo se unen entre si a través de un código partícular, similar a como se relacionan los electrones con el átomo.

La red de fondo está conformada por partículas básicas especiales, Cada bipartícula elemental que conforma la red de fondo solo tienen dos cargas, una carga eqd y una carga nd.

+/-d es una carga débíl, equivalente a un positivo, pero que tiene la capacidad de mutar su polaridad, de eq+ a eq-, estas cargas se denominan equivalentes (eq) porque no interactuan directamente con las moléculas de la materia bariónica, es decir no establecen enlaces con ellas. Actuan indirectamente formando redes con campos eseciales en donde la suma de ellas genera un ambiente cargado que predispone y condiciona a la materia a comportarse de una manera específica de acuerdo a su zona en el espacio.

nd equivale a una carga neutra y es el campo compartido a pesar de que la molécula se repela o sea atraída por su par. esta parte de las bipartículas de red de fondo están encargadas de formar la red débil. Cada bipartícula fuera de la red es una entidad individual. Cada bipartícula elemental que participa de la red de fondo no tiene un núcleo propiamente tal, posee solamente estos dos elementos de constitución de red. Esta bipartícula al no poseer núcleo, una vez que participa con otras bipartículas formando redes deja de ser una entidad elemental individual y pasa a ser parte de la red desintegrándose en esta trama. La parte nd se ancla por medio de resonancia entre si a la red de fondo ampliándola, la parte +/-d se desplaza y se mueve en la red de fondo constituida de acuerdo a lo que el ambiente la empuje a que carga tener y que zona moverse. No olvidemos que esta red modula el Universo, es la autopista por donde también transitan fotones y por donde la energía se desplaza en el espacio, todo lo que sucede y existe en el Universo que conocemos pasa por esta red de fondo.

Esta red de fondo, se comporta además como una enorme red neuronal, donde es posible además transmitir energía, información y masa. La red de fondo al conformar estructura de tipo neuronal, es capaz de aprender del medio, adecuándose y actuando de acuerdo a lo que necesite este.

21
ENERGÍA MADRE

En la nada absoluta, en un momento no imaginado, no medido, no observado, sin verbo, sin acción, en donde la materia aún no aparece en el inexistente mapa, ni existen aún prepartículas ni precursores de materia, los primeros hechos son fundamentales para que la no exitencia, se transmute y se convierta en ser. Toda negación es la aceptación de que los hechos sucedieron de alguna manera, positiva o negativamente. La naturaleza activa Universal, es la que detiene y condiciona la no existencia del ser.

Cuando hablamos de nada absoluto hablamos de no existencia en cualquier dimensión del Universo.

El fundamento de la vida es el tiempo, quien cohexiste y participa con la nada absoluta. El tiempo va retrocargándose de energía temporal en la medida que transcurre. Actúa como una endosimbiosis, retroalimentándose. Es decir, se autocrea por la característica energética temporal que posee. La clave de la creación, es el hecho de que exista la nada, la no existencia, tiene por definición implícita una acción oculta de ser, tiene persistencia en el espacio y en el tiempo, esta persistencia mientras más duradera sea, será más energética temporalmente hablando.

Es conocido que cualquier energía en un momento específico y con un nivel de carga específica, tiene la posiblidad de convertirse en materia. Existen varios niveles de organización de la materia que es necesario ascender hasta transformarse en prematería y materia tal cual como la conocemos. Es necesario cierto nivel de energía para que existan prepartículas y se den los momentos especiales para que la fomación del Universo sea a través de la conjugación de prepartículas y energía temporal, producto de la progresión universal antes explicada en la Teoría Particular de Creación y Expansión del Universo.

Sin la existencia del ser, y sin la existencia de la ausencia del ser, en donde este valor de no existencia del ser es más absoluto que la existencia de la nada. El tiempo que transcurrre por un segundo, o por una eternidad, acumulará energía temporal, independientemente de la situación del ser en el Universo. El tiempo es la Energía Madre de todo lo que existe, ya que desde esta realidad temporal nacen las energías y la materia en todas sus formas. La Energía Temporal es la energía creadora. La energía que se transmuta luego en todas las energías de todas las dimensiones y de todas las materias equivalentes de cada dimensión.

22
UNIVERSO CERRADO-ABIERTO

El Universo, se retroalimenta de energía y materia en todas sus dimensiones, y estas se traspasan de una dimensión a otra, esto ayuda a no perder energía, con la correspondiente disminución y pérdida de materia, también ayuda a que no aumente eternamente la cantidad de energía en este sistema cerrado-abierto, con el consiguiente aumento de las condiciones ambientales visibles para nosotros, tales como la temperatura, la presión, y las inperceptibles para nosotros tales como la desestabilización de malla red de fondo en zonas límites del Universo.

El Universo a nivel macro tiene un comportamiento cuántico, teniendo múltiples
reacciones contrarias. El Universo en la medida que se va creando, se va destruyendo, en la medida que se expande, también se contrae, también en la medida que produce energía va destruyéndola, todo esto simultáneamente.

El Universo se comporta como si estuviese cerrado, de tal forma que no pierde energía, ni materia. También se comporta como un Universo abierto, porque hay creación constante de materia y energía, ampliando sus horizontes internos y externos, y sin embargo mantiene su equilibrio, a través de la destrucción y de la expansión constante de sus bordes.

No existen proporcionalidades para los acontecimientos estelares que se suceden en pares, alternada o consecutivamente. Toda estadística predictiva que conocemos hasta ahora, elaborada para este sistema de desarrollo y equilibrio Universal no tiene sentido dentro de un pensamiento basado en constantes, ya que no existe una base plana y finita en la que trabajar.

23
PREPARTÍCULAS

Una Prepartícula está definida por aquella cantidad de Energía mínima, cohesionada, condensada y estructurada, en condiciones ambientales especiales, de tal manera que formará prematerial.

Las Prepartículas son el primer eslabón en la cadena de evolución de la materia. Esta creación preparticular se da en condiciones especiales que favorezcan el evento particular. En el primer momento del Universo existió un umbral mínimo de energía, ya que solo existía la energía temporal acumulada, por lo que la cantidad de energía requerida es mayor, por ser un tipo de Energía débil. Y una vez creado el Universo, no siempre es la misma cantidad de energía requerida para crear materia, ya que las condiciones ambientales son diversas, y los tipos de energía emanados de diversas fuentes, causa, son también distintas en su efecto sobre todo lo que está más próximo. Una Prepartícula perfectamente puede ser confundida con un corpúsculo de energía condensada, porque está en el límite de lo material y lo intangible. Son como las Hadas de la física: brillantes y tenues , sutiles y efímeras.

Al primer momento a esta condición llamada comunmente singularidad, es la que puede suceder individual o colectivamente, alternadamente con otros precursores energéticos o en conjunto con otras precursores energéticos hasta crear Prepartículas.

Esta Prepartícula es altamente inestable, pudiendo existir sólo en microfracciones de segundo. Las Prepartículas no están encadenadas a la materia oscura o tiempo, por lo que no poseen Energía Temporal, a pesar de que se originan a partir de ella, quedando fuera del Espacio-Tiempo y excluídas de los fenómenos Universales.

La Prepartícula puede a través de enlaces con otras Prepartículas lograr estabilizarse estructural y energéticamente, perdurando más en el tiempo y conformando Masa Particular y luego materia bariónica, avanzando en su escala de evolución hacia materia estable.

Masa Particular, es la mínima cantidad de energía enlazada estable, proveniente de prepartículas unidas, capaz de permanecer así y conformar reacción con otros corpúsculos de energía sin dispersarse en el espacio, dando origen al Proto Universo.

Las Prepartículas son el fundamento de la expansión del Universo.

24
ESPACIO

Espacio es la cantidad de material que en multiples dimensiones abarca un área definida, o indefinida si hablamos de espacio interestelar, presente en uno o entre dos o más puntos referenciales, con un valor de densidad tal, que es factible de ser ocupado por más materia, hasta que la distancia entre una partícula y otra es igual o cero. En la física clásica el espacio vacío es posible, en realidad solo existe el Invacío, realidad contraria a espacio vacío.

El Espacio nace de la creación de la materia, es dependiente de ella, porque el Espacio es ni más ni menos que materia de muy baja densidad, presente todas partes y en todas las dimensiones del Universo, conectadas entre si. En el primer momento de estabilización energética temporal en que se crea la primera prepartícla, nace el espacio, del evento primordial singular o plural.

Un ejemplo interesante: El Espacio intercelular, hasta hace poco era un espacio muerto, vacío, sin ninguna función.

Recientemente, a raíz de nuevas tecnologías de observación, se ha descubierto que este espacio intercelular, esta lleno de cavidades y formas tipo organelos, que deben tener funciones que hasta hoy no se han descubierto, se le ha llamado Intersticio y es el nuevo órgano más grande que tiene nuestro cuerpo humano. Este nuevo descubrimiento en nuestro pequeño Universo corporal, nos da una luz, de que la Fluidez del Universo existe más allá de lo que podamos pensar y discutir, y pensar en el Espacio, como solo esa gran bóveda vacía por la que transitan planetas y cometas es un error., ya que es su nivel íntimo y en sus diversas dimensiones donde tiene más vida de lo que imaginamos. Creándose y albergando complejos sistemas de modulación energética, creación de materia, conducción electrónica, combustión, fusión de partículas, etc.

Unitrón-Marcelo Aliaga Marín

www.ingramcontent.com/pod-product-compliance
Lightning Source LLC
LaVergne TN
LVHW091034150826
845672LV00006BA/1803

* 9 7 8 9 5 6 3 9 8 7 4 4 7 *